BEI GRIN MACHT SICH IHR WISSEN BEZAHLT

AF141842

- Wir veröffentlichen Ihre Hausarbeit,
  Bachelor- und Masterarbeit

- Ihr eigenes eBook und Buch -
  weltweit in allen wichtigen Shops

- Verdienen Sie an jedem Verkauf

Jetzt bei www.GRIN.com hochladen und kostenlos publizieren

Dialoggestaltung der passwortgestützten Authentifizierung. Begriffe, Umsetzung und Empfehlungen

Rouven Nagel

Bibliografische Information der Deutschen Nationalbibliothek:

Die Deutsche Nationalbibliothek verzeichnet diese Publikation in der Deutschen Nationalbibliografie; detaillierte bibliografische Daten sind im Internet über http://dnb.d-nb.de abrufbar.

ISBN: 9783346467713
Dieses Buch ist auch als E-Book erhältlich.

© GRIN Publishing GmbH
Nymphenburger Straße 86
80636 München

Druck und Bindung: Books on Demand GmbH, Norderstedt Germany
Gedruckt auf säurefreiem Papier aus verantwortungsvollen Quellen

Das vorliegende Werk wurde sorgfältig erarbeitet. Dennoch übernehmen Autoren und Verlag für die Richtigkeit von Angaben, Hinweisen, Links und Ratschlägen sowie eventuelle Druckfehler keine Haftung.

Das Buch bei GRIN: https://www.grin.com/document/1042628

Dialoggestaltung der passwortgestützten Authentifizierung

Hausarbeit im Modul Mensch-Computer-Interaktion
Master of Science im Studiengang Wirtschaftsinformatik (Verbundstudiengang)
an der Fakultät für Informatik und Ingenieurswissenschaften
der Technischen Hochschule Köln

vorgelegt von: Rouven Nagel

Köln, 30.03.2021

Inhalt

Tabellenverzeichnis

Abbildungsverzeichnis

Einleitung, Problemstellung und Vorgehen

Laut Statista zählen 94% der Deutschen über 14 Jahren im Jahr 2020 zu den Internetnutzern (vgl. Statista 2021). Die seit Jahren steigenden Nutzerzahlen sind nicht verwunderlich, schließlich bietet das Internet ein sehr großes Angebot an Informationen, Services und Dienstleistungen. Viele der Angebote haben eines gemeinsam: Sie erfordern eine Registrierung. Erst nach der Anmeldung mit den individuellen Zugangsdaten können die Dienste vollständig genutzt werden. Die Beispiele reichen von Versandhäusern (z.B. amazon.de) und sozialen Netzwerken (z.B. facebook.de) über Mailbetreiber (web.de) bis hin zu Nutzerkonten zur Verwaltung der akademischen Ausbildung (z.B. psso.th-koeln.de).

Diesen Anmelde-Zwang zu immer mehr Online-Diensten empfinden 56% der Nutzer als lästig (vgl. Nier 2017). Nachvollziehbar, da in der Regel die Anmeldung selbst nicht das primäre Ziel des Handelns ist und sich der Anwender im Erfüllen seiner tatsächlichen Aufgabe gehindert sieht. Sicherheitsziele wie Vertraulichkeit, Integrität und Authentizität sind aus Nutzersicht in der Regel nachgelagert. Da das Erfüllen von Sicherheitszielen aber obligatorisch ist, muss der Prozess aus Usability-Gesichtspunkten möglichst optimal umgesetzt werden.

Diese Hausarbeit behandelt deshalb die Fragestellung, wie die Gestaltung der Dialoge zur passwortgestützten Authentifizierung erfolgten sollte.

Im ersten Kapitel erfolgt dazu die Klärung wichtiger Begriffe zum Verständnis der Arbeit. Eine wesentliche Grundlage ist dabei die Normenreihe zur Ergonomie der Mensch-System-Interaktion (DIN EN ISO 9241).

Im zweiten Kapitel wird als Ausgangslage der Use-Case „Login" basierend auf dem Online-Service PSSO der TH Köln vorgestellt. Darauf aufbauend werden die allgemeinen Grundprinzipien der Gestaltung von Dialogen aus der Norm DIN EN ISO 9241-110:2020 vorgestellt und deren Umsetzung heuristisch im Kontext des Use-Cases evaluiert. Werden die Empfehlungen der Norm nicht (vollständig) umgesetzt, sollen Verbesserungsmöglichkeiten aufgezeigt werden.

Das dritte Kapitel fasst die gewonnen Erkenntnisse zusammen und reflektiert das Vorgehen der Bearbeitung. Darüber hinaus werden Potentiale für zukünftige Untersuchungen zur Problemstellung aufgezeigt.

1 Begriffsklärungen

1.1 Authentifizierung

Authentifizierung bezeichnet die nachweisliche Identifikation eines Benutzers oder Kommunikationspartners. Dadurch ist es möglich, dass bestimmte Handlungen nur bestimmten Personen ermöglicht werden. Die Authentifizierung stellt in digitalen Systemen damit einen zentralen Basisdienstes dar. (vgl. Hansen et al. 2019, S. 387)

Es existieren zahlreiche Methoden der Authentifizierung, die verschiedene Faktoren zur Überprüfung nutzen. Es lassen sich drei Kategorien unterscheiden (vgl. Hansen et al. 2019, S. 394):

- Wissen (z.B. Passwort)

- Besitz (z.B. Kreditkarte)

- Biometrie (z.B. Fingerabdruck)

In der Kategorie Wissen findet die Kombination aus Benutzerkennung und Passwort eine hohe Verbreitung. Die Identifikation erfolgt über die Angabe der (öffentlichen) Benutzerkennung, die Authentifizierung mittels des (geheimen) Passworts. Der verbreitete Einsatz ist insbesondere durch die Möglichkeit der sehr einfachen Implementierung zu erklären. (vgl. Tietz et al. 2017, S. 21–23)

1.2 Usability

In der Normenreihe DIN EN ISO 9241 wird Usability (dt. Gebrauchstauglichkeit) als „Ausmaß, in dem ein System, ein Produkt oder eine Dienstleistung durch bestimmte Benutzer in einem bestimmten Nutzungskontext genutzt werden kann, um bestimmte Ziele effektiv, effizient und zufriedenstellend zu erreichen" definiert. Die Grafik visualisiert den Zusammenhang:

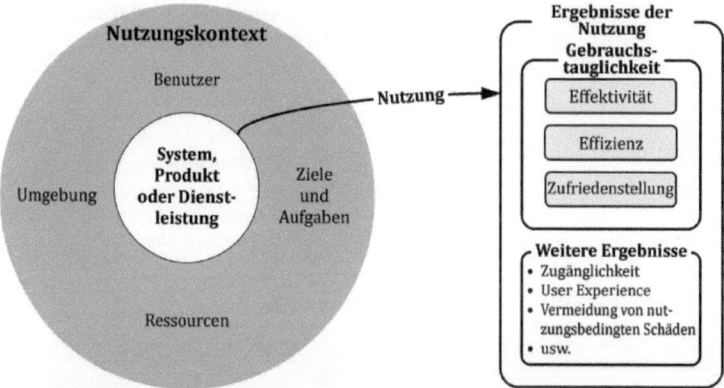

Abbildung 1: Gebrauchstauglichkeit als Ergebnis der Nutzung eines Systems, eines Produkts oder einer Dienstleistung in einem bestimmten Nutzungskontext (DIN EN ISO 9241-11: 2018)

Die DIN EN ISO 9241-11:2018 (Gebrauchstauglichkeit: Begriffe und Konzepte) definiert die Begrifflichkeiten der Abbildung 1 ausführlich, daher wird im Rahmen der Hausarbeit auf die Ausführungen der Norm verwiesen. Entscheidend für das weitere Verständnis ist aber, dass die Beurteilung der Usability von Software nicht losgelöst vom Nutzenkontext (Use Case) betrachtet werden kann.

1.3 Dialoggestaltung

Mit der Beachtung verschiedener Grundprinzipien in der Gestaltung von Dialogen soll die Gebrauchstauglichkeit erhöht werden. Die DIN EN ISO 9241-110:2020 (Interaktionsprinzipien) konkretisiert damit, wie die Anforderungen an Effizienz, Effektivität und Zufriedenheit erreicht werden können.

Die in der Norm dargelegten Grundprinzipien sind allgemeiner Natur und nicht an einen bestimmten Nutzungskontext oder ein bestimmtes System gebunden. Jedem der Grundprinzipien sind allgemeine Gestaltungsempfehlungen zugeordnet und mit Beispielen angereichert. Es wird darauf hingewiesen, dass die Empfehlungen auf dem aktuellen Wissenstand basieren – es ist aber möglich, dass aufgrund der technologischen, ergonomischen Entwicklung zusätzliche Empfehlungen wichtig werden. Gleichzeitig müssen nicht alle Empfehlungen im jeweiligen Nutzenkontext relevant sein.

Die allgemeinen Empfehlungen aus der DIN EN ISO 9241-110:2020 zur Dialoggestaltung erfahren innerhalb der 9241-Normenreihe weitere Spezifizierung. Der Zusammenhang wird in der nachfolgenden Grafik dargestellt:

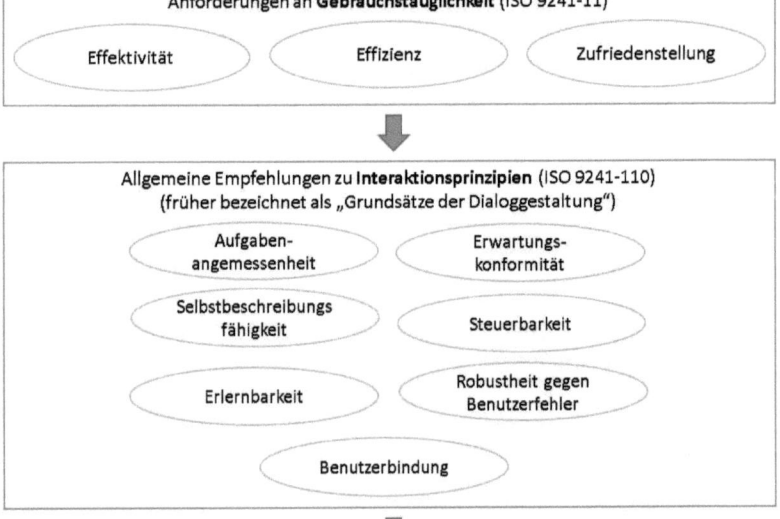

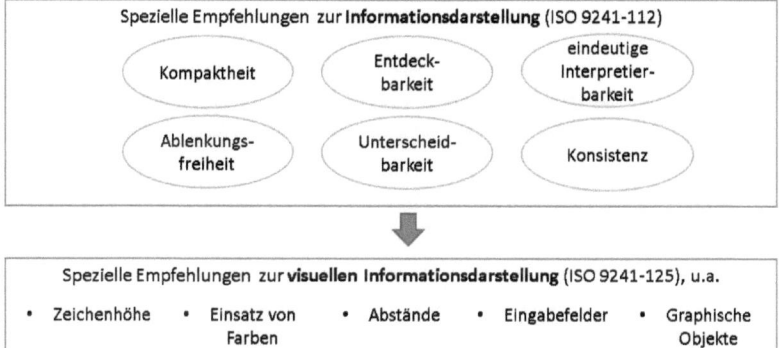

Abbildung 2: Zusammenhänge innerhalb der Normenreihe DIN EN ISO 9241 (Eigene Darstellung)

Zum besseren Verständnis ist in der nachfolgenden Grafik der Aufbau innerhalb des Dokuments DIN EN ISO 9241-110:2020 visualisiert:

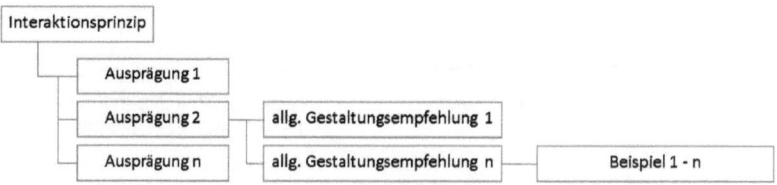

Abbildung 3: Aufbau der Norm DIN EN ISO 9241-110:2020 (Eigene Darstellung)

Zu jedem der insgesamt sieben Interaktionsprinzipien werden Ausprägungen formuliert. Zu jeder der Ausprägungen werden allgemeine Gestaltungsempfehlungen abgegeben. Wiederum zu den Empfehlungen wird mindestens ein Beispiel in einem fiktiven Nutzenkontext angeführt.

In den Kapiteln 2.2. – 2.8. werden die allgemeinen Interaktionsprinzipien vorgestellt und zusammenfassend für den Use Case „Login" aus Kapitel 2.1 evaluiert.

1.4 Heuristische Evaluation

Bei der heuristischen Evaluation bedienen sich die Evaluatoren eines Satzes von Usability-Prinzipien (Heuristiken). Diese Heuristiken weisen auf bestimmte Problemkategorien bei der Gestaltung von Dialogsystemen hin. Der Evaluator nimmt die Sichtweise eines Nutzers aus der Zielgruppe ein und versucht Verstöße gegen die Prinzipien aufzudecken. Damit wird eine Verbindung zwischen Usability-Expertise, Wissen über das Anwendungssystem und der Zielgruppe angestrebt. (vgl. Sarodnick und Brau 2016, S. 144)

Die Heuristiken drücken erwünschte Eigenschaften aus – immer, wenn ein Verstoß gegen diese erwünschten Eigenschaften erfolgt, ist ein mögliches Usability-Problem identifiziert (vgl. Sarodnick und Brau 2016, S. 144).

2 Empfehlungen zur Dialoggestaltung

Die Empfehlungen aus der Norm DIN EN ISO 9241-110:2020 sind generischer Natur und können nur in Verbindung von einem Kontext spezifiziert formuliert werden. Deshalb soll ein Use Case vorgestellt werden, der als Ausgangslage für die nachfolgenden Kapitel dient.

In den Kapiteln 2.2. – 2.8. wird eine Einschätzung zur Umsetzung des jeweiligen Prinzips im Use Case abgegeben. Diese Einschätzung basiert auf einer detaillierten Prüfung der einzelnen Empfehlungen zu jedem Prinzip und ist jeweils als Anlage beigefügt.

2.1 Use Case Login

Use Case	Login	
Context of use	Ein Benutzer möchte sich im System anmelden.	
Scope	Online-Services der TH-Köln: psso.th-koeln.de.	
Level	Primary Task	
Primary Actor	Student	
Stakeholder & Interests	Stakeholder	Interest
	System	Berechtigten Zugriff ermöglichen, Unberechtigten Zugriff verweigern.
Preconditions	Der Nutzer ist durch erfolgreiche Einschreibung als Student identifiziert und autorisiert. Ein Benutzerkonto, bestehend aus Nutzerkennung und geheimem Passwort, wurde erstellt.	
Success End Condition	Die Identität des Nutzers wurde geprüft (authentifiziert) und bei bestehender Autorisierung erhält er Zugriff auf den angeforderten Service.	
Failed End Condition	Dem Nutzer wird der Zugriff verweigert.	
Trigger	Der Benutzer besucht die Website des Online-Services.	
Description	1	Der Benutzer öffnet den Anmelde-Dialog.
	2	Der Benutzer gibt seine Benutzerkennung und sein Passwort ein und bestätigt diese.
	3	Der Benutzer wird vom System als berechtigt authentifiziert.
	4	Der Benutzer erhält Zugriff auf die Online-Services.
Extentions	3a	Der Benutzer wird nicht als berechtigt authentifiziert.
	4a	Der Benutzer erhält keinen Zugang.
Variations	2a	Der Benutzer ist berechtigt, hat aber das zur Authentifizierung benötigte Passwort oder die Benutzerkennung vergessen.
	3a	Der Benutzer fordert Unterstützung vom System an.

Tabelle 1: Use Case „Login" (Darstellung nach Cockburn 2006, S. 66)

2.2 Aufgabenangemessenheit

„Ein interaktives System ist aufgabenangemessen, wenn es die Benutzer bei der Erledigung ihrer Aufgaben unterstützt, d. h., wenn die Bedienfunktionen und die Benutzer-System-Interaktionen auf den charakteristischen Eigenschaften der Aufgabe basieren (und nicht auf der zur Erfüllung der Aufgabe gewählten Technologie)" (DIN EN ISO 9241-110:2020, S. 11).

Der Use Case „Login" beschreibt die erforderlichen Schritte, die ein Benutzer des Systems zur Authentifizierung durchführen muss. Wie in der Einleitung bereits geschildert, handelt es sich aus Nutzersicht nicht um ein primäres Ziel, sich zu authentifizieren. Der Benutzer, in unserem Use Case der Student, möchte sich z.B. primär für eine Prüfung anmelden. Diese Funktionalität wird von der TH Köln durch den Dienst PSSO zur Verfügung gestellt. Dabei ist - für eine verbindliche Anmeldung - die Bestätigung der Identität des Studenten wichtig. Ohne Authentifizierung könnte jeder Nutzer im Namen eines anderen die Anmeldung zu einer Prüfung vornehmen, was nicht im Sinne der Studenten und der Hochschule ist.

Entsprechend der vorangegangenen Ausführungen basiert die Authentifizierung mithilfe eines Benutzerkontos aus der gewählten Technologie und widersprecht damit der Definition von Aufgabenangemessenheit.

Die Gestaltung des Dialogs zur Authentifizierung selbst kann aber sehr wohl aufgabenangemessen entwickelt sein, was im Fallbeispiel PSSO aber nur bedingt gelingt (vgl. Anlage Tabelle 2: Evaluation der Aufgabenangemessenheit). Der Nutzer findet zwar für den Standard-Ablauf im Use Case für ihn relevante Informationen, Eingabefelder und einen Login-Button (vgl. Abbildung 13: Authentifizierungs-Dialog zu PSSO). Für den alternativen Ablauf (Benutzerkennung oder Passwort vergessen) steht dagegen keine Funktionalität zur Verfügung. Ein Umsetzungsvorschlag ist in im nachfolgenden Mockup dargestellt:

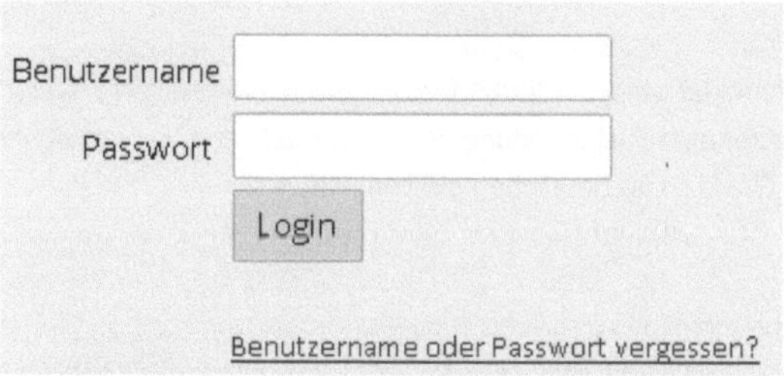

Abbildung 4:Gestaltungsvorschlag zur Unterstützung bei fehlenden Benutzerkonto-Informationen (Eigene Darstellung nach TH Köln 2021a)

Darüber hinaus sind die Hinweise zu den Auswirkungen der Pandemie für den Use Case nicht notwendig und sollten an einer geeigneteren Stelle im System angezeigt werden.

2.3 Selbstbeschreibungsfähigkeit

„Wo immer erforderlich für den Benutzer, bietet das interaktive System angemessene Information an, die die Fähigkeiten des Systems und seine Nutzung unmittelbar offensichtlich machen, ohne dass hierzu unnötige Benutzer-System-Interaktionen erforderlich werden" (DIN EN ISO 9241-110:2020, S. 11).

Den Empfehlungen zur Selbstbeschreibungsfähigkeit wird überwiegend gefolgt (vgl. Evaluation der Aufgabenangemessenheit). Dem Benutzer ist zu jeder Zeit offensichtlich, an welcher Stelle er sich im interaktiven System befindet, welche Handlungen unternommen und wie diese ausgeführt werden können (vgl. DIN EN ISO 9241-110:2020, S. 18).

Erreicht der Cursor beispielsweise ein Eingabefeld, verändert sich das Cursorsymbol von der Standardform (Pfeil) zur Textform (I). Die Eingabefelder werden durch Überfahren mit dem Cursor zusätzlich farblich hervorgehoben. Erfolgt die Auswahl eines der Eingabefelder, wird zusätzlich ein schwarzer Rahmen um das aktive Feld angezeigt:

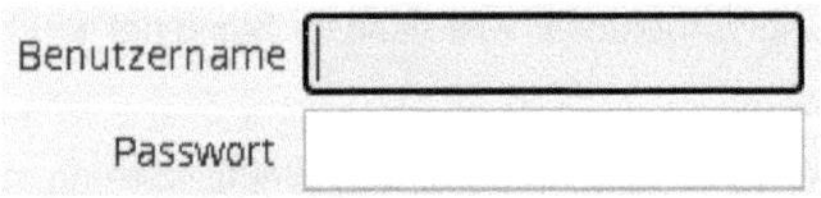

| Benutzername | | |
| Passwort | | |

Abbildung 5: Ausgewähltes Eingabefeld mit schwarzen Rahmen (TH Köln 2021a)

Auch das Bestätigungsfeld wird durch Überfahren mit dem Cursor hervorgehoben und das Cursorsymbol verändert sich:

Abbildung 6: Verändertes Cursorsymbol und farbliche Hervorhebung des Bestätigungsfelds (TH Köln 2021a)

Optimierungen sind möglich, indem nicht ausgefüllte Pflichtfelder im Vergleich zu bereits gefüllten Feldern auch farblich verändert werden. Ein Beispiel liefern die Eingabefelder des Authentifizierungsdialogs der Anwendung Ilias (vgl. Abbildung 16: ILIAS Anmeldeseite.

Nicht ausgefüllte Eingabefelder sind bei ILIAS farblich rot hervorgehoben. Nach einer Eingabe erhält der Benutzer eine Rückmeldung, indem die farbliche Hervorhebung entfällt. Die nachfolgenden Grafiken verdeutlichen die Umsetzung:

| Benutzername * | |
| Passwort * | |

| * Erforderliche Angabe | Anmelden |

Abbildung 7: Eingabefelder ohne Eingabe rot hervorgehoben (TH Köln 2021b)

Benutzername *	Benutzername
Passwort *	....

* Erforderliche Angabe	Anmelden

Abbildung 8: Eingabefelder nach Eingabe ohne Hervorhebung (TH Köln 2021b)

2.4 Erwartungskonformität

„Das Verhalten des interaktiven Systems ist vorhersehbar, basierend auf dem Nutzungskontext und allgemein anerkannten Konventionen in diesem Kontext" (DIN EN ISO 9241-110:2020, S. 11).

Innerhalb des Systems ist die Darstellung und das Verhalten nur zum Teil erwartungskonform.

Die beiden Textfelder Verhalten sich bei Auswahl oder Maus-Over identisch und damit wie erwartet. Unterschiedliche Sachverhalte werden ebenfalls der Erwartung entsprechend unterschiedlich behandelt. Die Anzeige der eingegebenen (öffentlichen) Benutzerkennung erfolgt in Textform, das eingegebene (geheime) Passwort wird dagegen maskiert dargestellt.

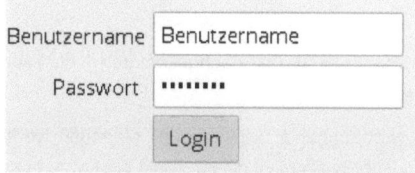

Abbildung 9: Maskierung der Passworteingabe (TH Köln 2021a)

Die Fehlermeldungen unterscheiden sich aber deutlich (und aus Benutzersicht grundlos) in ihrer Darstellung und Aussagekraft, wie in den nachfolgenden zwei Grafiken dargestellt:

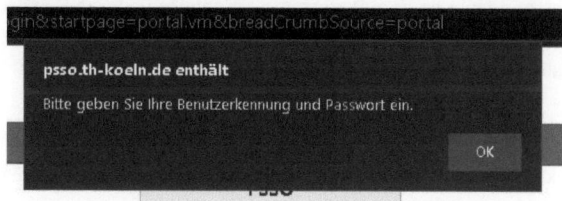

Abbildung 10: Fehlermeldung bei nicht gefülltem Eingabefeld (TH Köln 2021a)

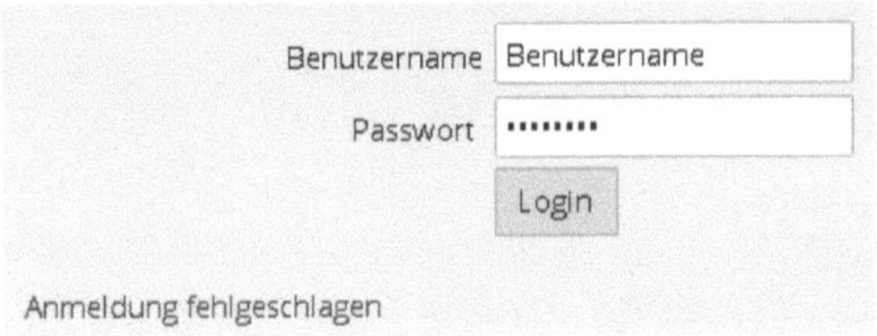

Abbildung 11: Fehlermeldung bei fehlgeschlagener Authentifizierung (TH Köln 2021a)

Der Empfehlung, Darstellung und Verhalten auch für Umsysteme konsistent zu gestalten gelingt nur für den Faktor des Verhaltens. Die Darstellung unterscheidet sich aber deutlich (vgl. Abbildung 15: Authentifizierungsdialog zu "Anwendungen" und Abbildung 16: ILIAS Anmeldeseite.

Darüber hinaus wird der Dialog nicht auf unterschiedlichen Gerätearten und Anzeigegrößen angemessen dargestellt (vgl. Abbildung 17: Authentifizierungs-Dialog zu PSSO auf Mobil-Gerät Iphone 6.

2.5 Erlernbarkeit

„Das interaktive System unterstützt die Entdeckung seiner Fähigkeiten und deren Verwendung, erlaubt das Explorieren („Ausprobieren") des interaktiven Systems, minimiert den Lernaufwand und bietet Unterstützung, wenn Lernen erforderlich ist" (DIN EN ISO 9241-110:2020, S. 11).

Den relevanten Empfehlungen zur Erlernbarkeit wird nachgekommen (vgl. Tabelle 4: Evaluation der Erwartungskonformität).

Die Benutzerkennung und das Passwort können z.B. beliebig oft eingeben, verändert, gelöscht oder bestätigt werden. Aus Usability-Sicht ist dieser Punkt positiv zu bewerten, allerdings wirkt sich diese Funktionalität negativ auf das Erreichen der IT-Sicherheitsziele aus (u.a. reduzierter Schutz gegen Brute-Force Angriffe).

2.6 Steuerbarkeit

„Das interaktive System erlaubt es dem Benutzer, die Kontrolle über die Benutzungsschnittstelle und die Interaktionen zu behalten, einschließlich der Geschwindigkeit, Abfolge und Individualisierung der Benutzer-System-Interaktion" (DIN EN ISO 9241-110:2020, S. 11).

Alle relevanten Empfehlungen werden umgesetzt (vgl. Tabelle 5: Evaluation der Steuerbarkeit). Der Nutzer kann zeitunabhängig und in seiner präferierten Reihenfolge die zwei erforderlichen Pflichtfelder ausfüllen und bestätigen.

2.7 Robustheit gegen Benutzerfehler

„Das interaktive System unterstützt den Benutzer beim Vermeiden von Fehlern, toleriert Benutzungsfehler im Falle von erkennbaren Fehlern und unterstützt den Benutzer bei der Fehlerbehebung" (DIN EN ISO 9241-110:2020, S. 11).

Es besteht Optimierungspotential (vgl. Tabelle 6: Evaluation der Robustheit gegen Benutzerfehler). Im Rahmen des Use Cases werden zwei verschiedene Fehlermeldungen ausgegeben (vgl. Abbildung 10: Fehlermeldung bei nicht gefüllten Eingabefeld (TH Köln 2021a) und Abbildung 11: Fehlermeldung bei fehlgeschlagener Authentifizierung (TH Köln 2021a). Während bei der Fehlermeldung bei einem nicht gefüllten Eingabefeld ein eindeutiger Hinweis auf die Fehlerursache erfolgt, fehlt die Angabe der Ursache im Fehlerhinweis bei einer fehlgeschlagenen Authentifizierung. Für den Benutzer ist nicht ersichtlich, ob es sich um einen Systemfehler oder um (s)eine falsche Eingabe handelt.

Darüber hinaus wird empfohlen, den Benutzer auf Wunsch auch das Passwort in Klarschrift zur Überprüfung anzuzeigen (vgl. Nielsen Norman Group 2021b):

Abbildung 12: Gestaltungsvorschlag zur optionalen Demaskierung des Passworts (Eigene Darstellung nach TH Köln 2021a)

2.8 Benutzerbindung

„Das interaktive System stellt Funktionen und Informationen auf einladende und motivierende Weise dar und fördert so eine kontinuierliche Interaktion mit dem System" (DIN EN ISO 9241-110:2020, S. 11).

Viele Empfehlungen der zu diesem Prinzip haben keine unmittelbare Relevanz für den Use-Case, da die Authentifizierung i.d.R. kein primäres Ziel des Benutzers ist und nicht mit besonderen emotionalen Reaktionen sinnvoll verknüpft werden kann (vgl. Tabelle 7: Evaluation der Benutzerbindung. Das Einhalten der vorangegangen Prinzipien (Kapitel 2.2 - .2.7) ist aber eine wesentliche Voraussetzung für Benutzerbindung. Entsprechend kann die Benutzerbindung durch Umsetzung der in dieser Hausarbeit aufgezeigten Potentiale gesteigert werden.

3 Fazit und Ausblick

Die DIN EN ISO 9241-110:2020 liefert insgesamt sieben Prinzipien, nach denen Dialoge zur passwortgestützten Authentifizierung gestaltet werden sollten. Die Verletzung eines der Prinzipien stellt eine mögliche Einschränkung der Usability dar.

Im Fallbeispiel des Logins im PSSO der TH-Köln bestehen in folgenden sechs der sieben Prinzipien Optimierungsmöglichkeiten:

- Aufgabenangemessenheit

- Selbstbeschreibungsfähigkeit

- Erwartungskonformität

- Steuerbarkeit

- Robustheit gegen Benutzerfehler

- Benutzerbindung

Vorschläge zur Verbesserung wurden im jeweiligen Kapitel aufgezeigt.

Den relevanten Empfehlungen des Prinzips der Erlernbarkeit wird gefolgt, wobei eine Prüfung in Hinblick auf die IT-Sicherheitsziele erfolgen muss.

Es muss zu den Erhebungen in dieser Hausarbeit kritisch angemerkt werden, dass empfohlen wird, die heuristische Evaluation durch mehrere Experten durchzuführen, um ein umfangreicheres Ergebnis zu erhalten (vgl. Grünwied 2017, S. 135).

Darüber hinaus geben sich für die Problemstellung Anknüpfungspunkte für weiterführende Untersuchungen:

Neben den sieben Prinzipien aus der DIN EN ISO 9241-110:2020 ist auch die Prüfung der Empfehlungen zu den „Grundsätzen der Informationsdarstellung", „Grundsätzen der Informationsdarstellung" (Teil 112 und 125 der Normenreihe 9241) sowie der Barrierefreiheit eine sinnvolle Ergänzung.

Neben der Normenreihe 9241 zeigt die Literatur weitere Heuristiken auf (vgl. Nielsen Norman Group 2021a) sowie (Sarodnick und Brau 2016), deren Evaluation weitere Verbesserungsmöglichkeiten aufzeigen kann. Die Belastbarkeit weiterer Expertenevaluationen kann durch anschließende Evaluation durch tatsächliche Nutzer weiter gesteigert werden.

Literaturverzeichnis

Literaturverzeichnis

Cockburn, Alistair (2006): Writing effective use cases. 16. print. Boston: Addison-Wesley (The Agiel software development series).

Deutsches Institut für Normung e.V. (2018): DIN EN ISO 9241-11:2018-11, Ergonomie der Mensch-System-Interaktion - Teil 11: Gebrauchstauglichkeit: Begriffe und Konzepte (ISO 9241-11:2018); Deutsche Fassung EN ISO 9241-11:2018. Berlin: Beuth Verlag GmbH.

Deutsches Institut für Normung e.V. (2020): DIN EN ISO 9241-110:2020-10, Ergonomie der Mensch-System-Interaktion - Teil 110: Interaktionsprinzipien (ISO 9241-110:2020); Deutsche Fassung EN ISO 9241-110:2020. Berlin: Beuth Verlag GmbH.

Grünwied, Gertrud (2017): Usability Von Produkten und Anleitungen Im Digitalen Zeitalter : Handbuch Für Entwickler, IT-Spezialisten und Technische Redakteure : Handbuch Für Entwickler, IT-Spezialisten und Technische Redakteure. Newark, GERMANY: Publicis MCD Werbeagentur GmbH. Online verfügbar unter http://ebookcentral.proquest.com/lib/koln/detail.action?docID=4789047.

Hansen, Hans Robert; Mendling, Jan; Neumann, Gustaf (2019): Wirtschaftsinformatik. Grundlagen und Anwendungen. 12. völlig neu bearbeitete Auflage. Berlin, Boston: De Gruyter (De Gruyter Studium).

Nielsen Norman Group (2021a): 10 Usability Heuristics for User Interface Design. Online verfügbar unter https://www.nngroup.com/articles/ten-usability-heuristics/, zuletzt aktualisiert am 28.02.2021, zuletzt geprüft am 28.02.2021.

Nielsen Norman Group (2021b): Stop Password Masking. Online verfügbar unter https://www.nngroup.com/articles/stop-password-masking/, zuletzt aktualisiert am 09.03.2021, zuletzt geprüft am 09.03.2021.

Nier, Hedda (2017): Der große Passwort-Stress. In: *Statista*, 23.01.2017. Online verfügbar unter https://de.statista.com/infografik/7705/der-grosse-passwort-stress/, zuletzt geprüft am 08.03.2021.

Sarodnick, Florian; Brau, Henning (2016): Methoden der Usability Evaluation. Wissenschaftliche Grundlagen und praktische Anwendung. 3., unveränderte Auflage. Bern: Hogrefe.

Statista (2021): Internetnutzer - Anzahl in Deutschland 2020 | Statista. Online verfügbar unter https://de.statista.com/statistik/daten/studie/36146/umfrage/anzahl-der-internetnutzer-in-deutschland-seit-1997/, zuletzt aktualisiert am 08.03.2021, zuletzt geprüft am 08.03.2021.

TH Köln (2021a): PSSO. Online verfügbar unter https://psso.th-koeln.de, zuletzt aktualisiert am 12.03.2021, zuletzt geprüft am 12.03.2021.

TH Köln (2021b): ILIAS Anmeldeseite. Online verfügbar unter https://ilias.th-koeln.de/, zuletzt aktualisiert am 14.03.2021, zuletzt geprüft am 14.03.2021.

TH Köln (2021c): Wissenswertes auf einen Blick. Online verfügbar unter https://www.th-koeln.de/hochschule/wissenswertes-auf-einen-blick_7516.php, zuletzt aktualisiert am 14.03.2021, zuletzt geprüft am 14.03.2021.

TH Köln (2021d): Hilfe-Informationen zu PSSO. Online verfügbar unter https://www.th-koeln.de/studium/pruefungs--und-studierendenservice-online-psso_5332.php, zuletzt aktualisiert am 15.03.2021, zuletzt geprüft am 15.03.2021.

TH Köln (2021e): Anmeldung zu Anwendungen. Online verfügbar unter https://login.th-koeln.de/nidp/app, zuletzt aktualisiert am 17.03.2021, zuletzt geprüft am 17.03.2021.

Tietz, Christian; Pelchen, Chris; Meinel, Christoph; Schnjakin, Maxim (2017): Management digitaler Identitäten. Aktueller Status und zukünftige Trends. Potsdam: Universitätsverlag (Technische Berichte des Hasso-Plattner-Instituts für Softwaresystemtechnik an der Universität Potsdam, 114). Online verfügbar unter http://nbn-resolving.de/urn:nbn:de:kobv:517-opus4-103164.

Anhang

Bildschirmfotografien

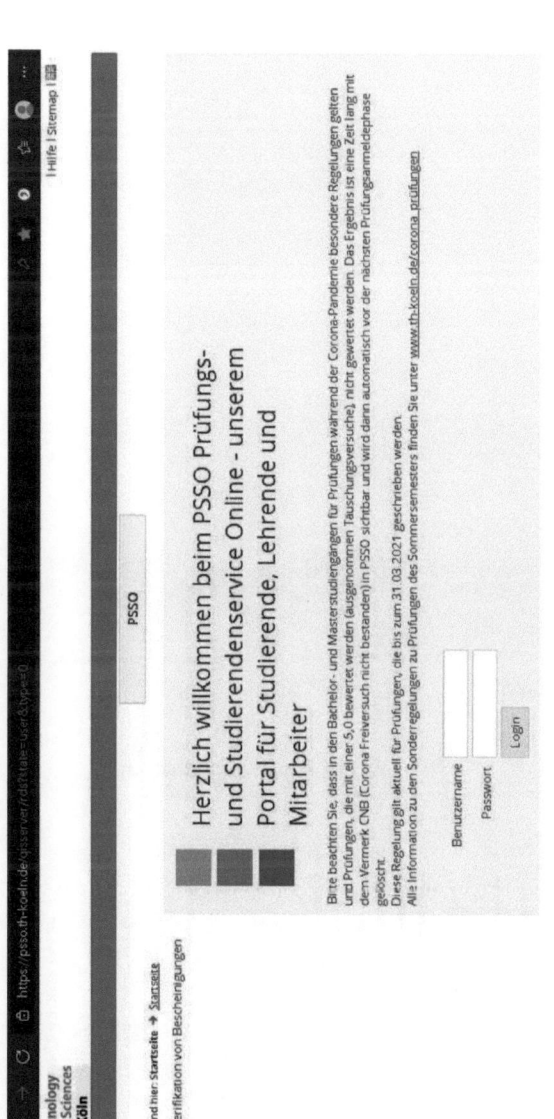

Abbildung 13: Authentifizierungs-Dialog zu PSSO (TH Köln 2021a)

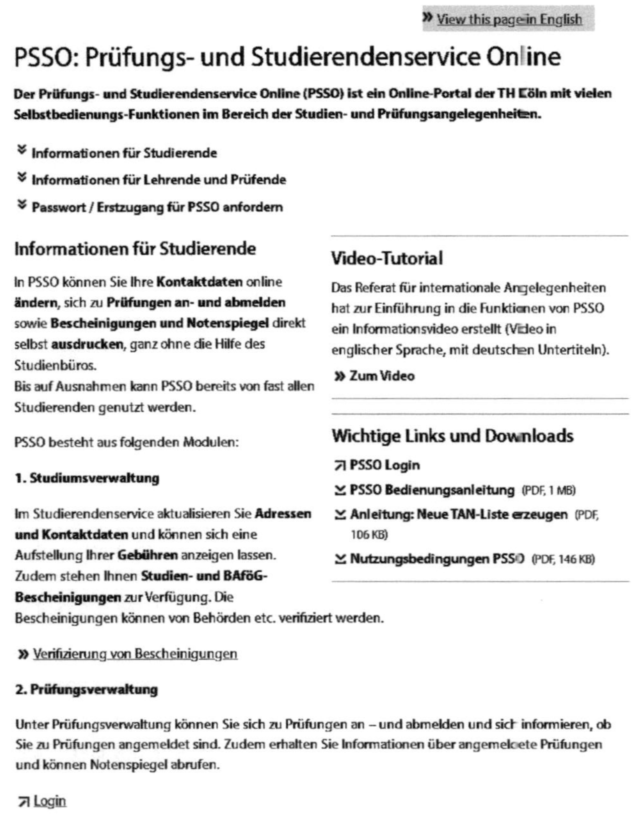

» View this page in English

PSSO: Prüfungs- und Studierendenservice Online

Der Prüfungs- und Studierendenservice Online (PSSO) ist ein Online-Portal der TH Köln mit vielen Selbstbedienungs-Funktionen im Bereich der Studien- und Prüfungsangelegenheiten.

» **Informationen für Studierende**

» **Informationen für Lehrende und Prüfende**

» **Passwort / Erstzugang für PSSO anfordern**

Informationen für Studierende

In PSSO können Sie Ihre **Kontaktdaten** online **ändern**, sich zu **Prüfungen an- und abmelden** sowie **Bescheinigungen und Notenspiegel** direkt selbst **ausdrucken**, ganz ohne die Hilfe des Studienbüros.

Bis auf Ausnahmen kann PSSO bereits von fast allen Studierenden genutzt werden.

PSSO besteht aus folgenden Modulen:

1. Studiumsverwaltung

Im Studierendenservice aktualisieren Sie **Adressen und Kontaktdaten** und können sich eine Aufstellung Ihrer **Gebühren** anzeigen lassen. Zudem stehen Ihnen **Studien- und BAföG-Bescheinigungen** zur Verfügung. Die Bescheinigungen können von Behörden etc. verifiziert werden.

» Verifizierung von Bescheinigungen

2. Prüfungsverwaltung

Unter Prüfungsverwaltung können Sie sich zu Prüfungen an – und abmelden und sich informieren, ob Sie zu Prüfungen angemeldet sind. Zudem erhalten Sie Informationen über angemeldete Prüfungen und können Notenspiegel abrufen.

↗ Login

Video-Tutorial

Das Referat für internationale Angelegenheiten hat zur Einführung in die Funktionen von PSSO ein Informationsvideo erstellt (Video in englischer Sprache, mit deutschen Untertiteln).

» Zum Video

Wichtige Links und Downloads

↗ PSSO Login

⤓ PSSO Bedienungsanleitung (PDF, 1 MB)

⤓ Anleitung: Neue TAN-Liste erzeugen (PDF, 106 KB)

⤓ Nutzungsbedingungen PSSO (PDF, 146 KB)

Abbildung 14: Hilfe-Informationen zu PSSO (TH Köln 2021d)

Abbildung 15: Authentifizierungsdialog zu "Anwendungen" (TH Köln 2021e)

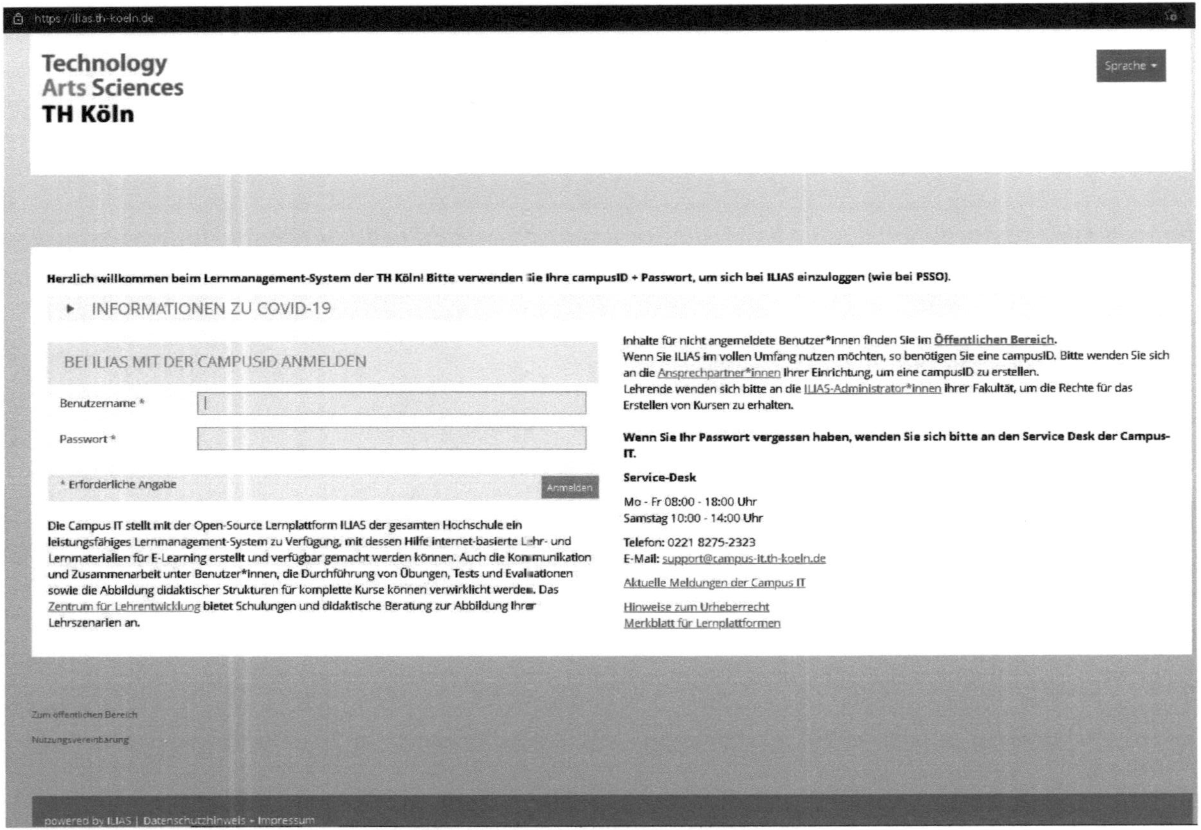

🔒 https://ilias.th-koeln.de

**Technology
Arts Sciences
TH Köln**

Sprache ▾

Herzlich willkommen beim Lernmanagement-System der **TH Köln! Bitte verwenden sie ihre campusID + Passwort, um sich bei ILIAS einzuloggen (wie bei PSSO).**

▶ INFORMATIONEN ZU COVID-19

BEI ILIAS MIT DER CAMPUSID ANMELDEN

Benutzername *

Passwort *

* Erforderliche Angabe

Anmelden

Die Campus IT stellt mit der Open-Source Lernplattform ILIAS für die gesamten Hochschule ein leistungsfähiges Lernmanagement-System zu Verfügung, mit dessen Hilfe internet-basierte Lehr- und Lernmaterialien für E-Learning erstellt und verfügbar gemacht werden können. Auch die Kommunikation und Zusammenarbeit unter Benutzer*innen, die Durchführung von Übungen, Tests und Evaluationen sowie die Abbildung didaktischer Strukturen für komplette Kurse können verwirklicht werden. Das Zentrum für Lehrentwicklung bietet Schulungen und didaktische Beratung zur Abbildung Ihrer Lehrszenarien an.

Inhalte für nicht angemeldete Benutzer*innen finden Sie im Öffentlichen Bereich. Wenn Sie ILIAS im vollen Umfang nutzen möchten, so benötigen Sie eine campusID. Bitte wenden Sie sich an die Ansprechpartner*innen Ihrer Einrichtung, um eine campusID zu erstellen. Lehrende wenden sich bitte an die ILIAS-Administrator*innen Ihrer Fakultät, um die Rechte für das Erstellen von Kursen zu erhalten.

Wenn Sie Ihr Passwort vergessen haben, wenden Sie sich bitte an den Service Desk der Campus-IT.

Service-Desk

Mo - Fr 08:00 - 18:00 Uhr
Samstag 10:00 - 14:00 Uhr

Telefon: 0221 8275-2323
E-Mail: support@campus-it.th-koeln.de

Aktuelle Meldungen der Campus IT
Hinweise zum Urheberrecht
Merkblatt für Lernplattformen

Zum öffentlichen Bereich

Nutzungsvereinbarung

Abbildung 16: ILIAS Anmeldeseite (TH Köln 2021b)

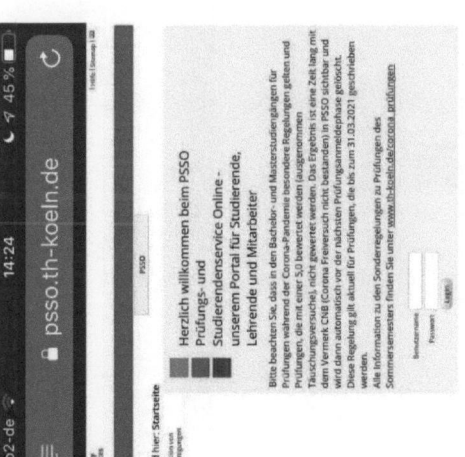

Abbildung 17: Authentifizierungs-Dialog zu PSSO auf Mobil-Gerät Iphone 6 (TH Köln 2021a)

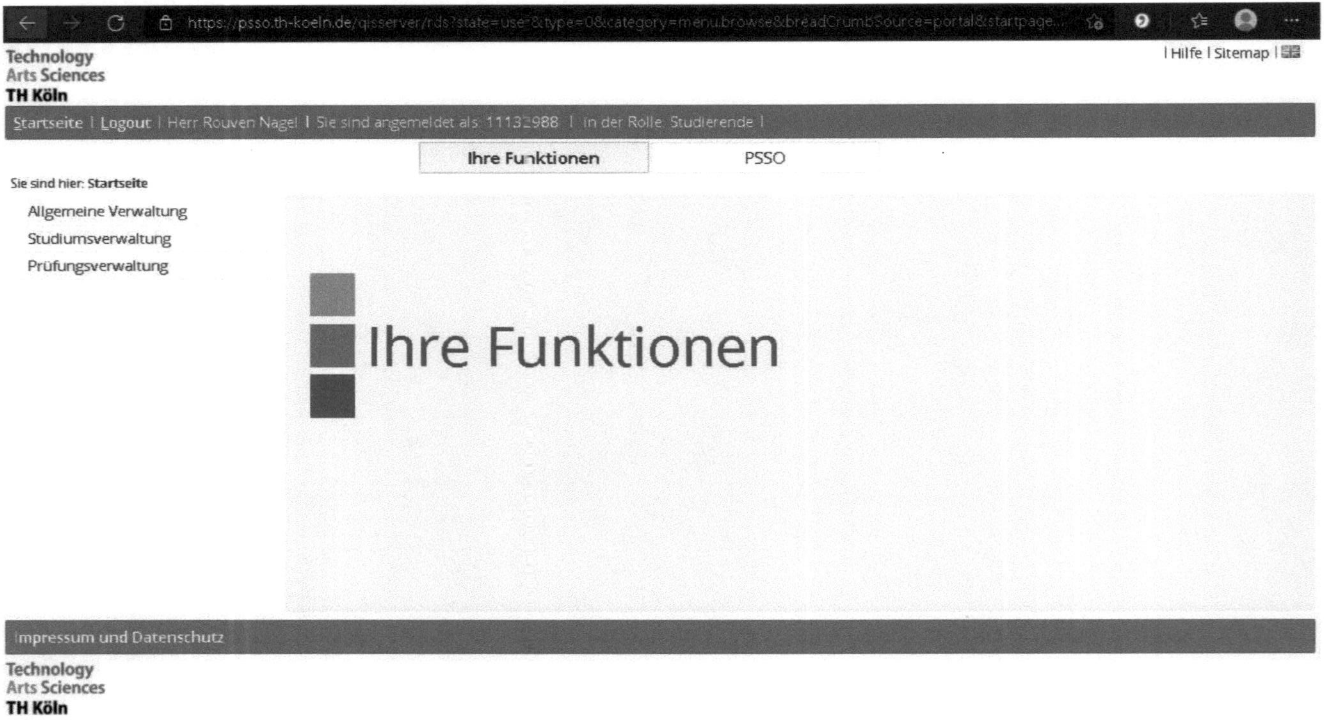

← → ↻ ⌂ https://psso.th-koeln.de/qisserver/rds?state=user&type=0&category=menu.browse&breadCrumbSource=portal&startpage... ⟲ ⊙ ⤴ ⊕ …

Technology
Arts Sciences
TH Köln

| Hilfe | Sitemap | 🔲

Startseite | Logout | Herr Rouven Nagel | Sie sind angemeldet als: 1113-988 | In der Rolle: Studierende |

Ihre Funktionen   PSSO

Sie sind hier: **Startseite**

Allgemeine Verwaltung
Studiumsverwaltung
Prüfungsverwaltung

Ihre Funktionen

Impressum und Datenschutz

Technology
Arts Sciences
TH Köln

Abbildung 18: Folge Dialog nach erfolgreicher Authentifizierung zu PSSO (TH Köln 2021a)

Evaluation der Aufgabenangemessenheit

Empfehlungen entnommen aus DIN EN ISO 9241-110:2020		Evaluation für den Use Case „Login"
Das interaktive System sollte genügend Informationen liefern, die die Benutzer dazu befähigen zu ermitteln, ob das System für die von ihnen angestrebten Ergebnisse geeignet ist.	√	Das System wird als PSSO Prüfungs- und Studierendenservice Online" vorgestellt (vgl. Abbildung 13Abbildung 13). Über die Hilfe-Funktion erhält der Benutzer detaillierte Informationen über die Funktionen Prüfungsverwaltung und Studiumsverwaltung (vgl. Abbildung 14).
Das interaktive System sollte dem Benutzer die für jeden Aufgabenschritt erforderlichen Steuerelemente und aufgabenbezogenen Informationen zur Verfügung stellen.	X	Es stehen zwei Eingabefelder zur Eingabe von Benutzerkennung und Passwort, sowie ein Button zu Bestätigung zur Verfügung. Der im Use Case vorgesehene Alternativ-Ablauf bei einem vergessenen Kontoinformationen wird aber vernachlässigt. Für den Fall, dass ein Benutzer seine Zugangsdaten vergessen hat, erhält der Nutzer keine Unterstützung im Dialog. Ein Gestaltungsvorschlag wird in Abbildung 4:Gestaltungsvorschlag zur Unterstützung bei fehlenden Benutzerkonto-Informationen (Eigene Darstellung nach TH Köln 2021a) dargestellt.
Das interaktive System sollte dem Benutzer keine Schritte auferlegen, die nicht aus den Erfordernissen der Aufgabe selbst, sondern aus der Technologie resultieren.	√	Benutzerkennung und Passwort können in beliebiger Reihenfolge innerhalb eines Formulars eingegeben werden. Es muss keine technische Restriktion beachtet werden.
Das interaktive System sollte dem Benutzer keine Funktionen anbieten und Informationen darstellen, die die Ausführung aktueller Aufgaben behindern.	X	Die Hinweise zu den besonderen Regelungen während der Corona Pandemie (vgl. Abbildung 13) liefern für den Use Case keine relevanten Informationen und sollten erst in nachfolgenden Dialogen zur Prüfungsverwaltung eingeblendet werden.
Das interaktive System sollte, soweit zweckmäßig, Standardauswahlmöglichkeiten anbieten.	√	Standardauswahl der Sprache ist deutsch, da überwiegend Studenten mit deutscher Muttersprache auf das System zugreifen (vgl. TH Köln 2021c).
Das interaktive System sollte keine Standardeinstellungen anbieten, wenn diese den Benutzer in die Irre führen können.	o	Keine Relevanz im Use Case: Vorbelegung von Benutzerkennung oder Passwort nicht möglich, da diese je Nutzer individuell ist.

Tabelle 2: Evaluation der Aufgabenangemessenheit

Evaluation der Selbstbeschreibungsfähigkeit

Empfehlungen entnommen aus DIN EN ISO 9241-110:2020	Evaluation für den Use Case „Login"
Das interaktive System sollte Informationen liefern, die den Benutzer führen und die Notwendigkeit der Konsultation von Online-Hilfen, Benutzerhandbüchern oder sonstigen externen Informationen minimieren.	√ Anmeldeverfahren sind der Nutzergruppe bekannt, weitere Erläuterungen zur Bedienung sind nicht erforderlich.
Das interaktive System sollte eindeutig anzeigen, an welcher Stelle der Navigationsstruktur sich der Benutzer befindet, welche Benutzerhandlungen zu diesem Zeitpunkt möglich sind und wie sie ausgeführt werden können.	√ Erreicht der Cursor ein Eingabefeld, verändert sich das Cursorsymbol von der Standardform (Pfeil) zur Textform (I). Die Eingabefelder werden durch Überfahren mit dem Cursor zusätzlich farblich hervorgehoben. Erfolgt die Auswahl eines der Eingabefelder, wird darüber hinaus ein schwarzer Rahmen um das aktive Feld angezeigt (vgl. Abbildung 5). Auch das Bestätigungsfeld wird durch Überfahren mit dem Cursor hervorgehoben und das Cursorsymbol verändert sich (vgl. Abbildung 6).
Das interaktive System sollte Benutzer dazu befähigen, die zur Ausführung der Aufgabe erforderlichen Steuerelemente zu finden.	√ Die erforderlichen Elemente sind zentriert im Browser dargestellt.
Das interaktive System sollte Informationen so darstellen, dass eindeutig ersichtlich ist, welche Benutzungsschnittstellen-Elemente interaktiv und welche nicht interaktiv sind.	√ Alle interaktiven Elemente verändern sich bei Überfahren mit dem Cursor.
Das interaktive System sollte Informationen mit einem dem Benutzer vertrauten Vokabular darstellen.	√ Das interaktive System stellt die Informationen mit einem dem Nutzerkreis vertrauten Vokabular dar.
Das interaktive System sollte den Fortschritt bei der Erledigung einer Aufgabe anzeigen.	X Optimierung möglich, indem nicht ausgefüllte Pflichtfelder im Vergleich zu bereits gefüllten Feldern auch farblich verändert werden. Ein Beispiel liefern die Eingabefelder des Authentifizierungsdialog https://ilias.th-koeln.de (vgl. Abbildung 7 und Abbildung 8).

Tabelle 3: Evaluation der Selbstbeschreibungsfähigkeit

Evaluation der Erwartungskonformität

Empfehlungen entnommen aus DIN EN ISO 9241-110:2020	Evaluation für den Use Case „Login"
Das interaktive System sollte Schritte zur Erledigung der Aufgabe bereitstellen, die mit dem Aufgabenverständnis der Benutzer sind konsistent sind.	√ Passwortgestützte Authentifizierungsverfahren mit Eingabe von Benutzerkennung und Passwort sind dem Nutzerkreis vertraut.
Das interaktive System sollte entsprechend den Erfordernissen des breitesten Spektrums von Benutzern und Nutzungskontexten reagieren.	√ Die Dialoge und Hilfe-Seiten werden in den Sprachen Deutsch und Englisch angeboten. Spezielle Unterstützung darüber hinaus ist zur Umsetzung des Use Cases nicht erforderlich. Eine Überprüfung der Barrierefreiheit erfolgt im Rahmen der Hausarbeit nicht, da dies den Umfang deutlich übersteigen würde.
Das interaktive System sollte sofortige und den Benutzererfordernissen angemessene Rückmeldungen auf Benutzerhandlungen liefern.	√ Der „Login"-Button kann erst betätigt werden, wenn die Felder Benutzername und Passwort mit mindestens einem Zeichen gefüllt wurden. Anderenfalls erfolgt eine Fehlermeldung „Bitte geben Sie Ihre Benutzerkennung und Passwort ein" (vgl Abbildung 10: Fehlermeldung bei nicht gefüllten Eingabefeld (TH Köln 2021a). Nach Bestätigung der Eingaben erfolgt bei erfolgreicher Authentifizierung der Zugang zu den Services des PSSO. Es werden Name und Status angezeigt (vgl. Abbildung 18). Ist die Authentifizierung nicht erfolgreich, wird eine Fehlermeldung ausgegeben (vgl. Abbildung 11: Fehlermeldung bei fehlgeschlagener Authentifizierung (TH Köln 2021a).
Das interaktive System sollte dem Benutzer eine Fortschrittsinformation ausgeben, falls eine erheblich lange Reaktionszeit erwartet wird.	o Keine Relevanz im Use Case, da Reaktionszeiten i.d.R. < 1 Sekunde.
Das interaktive System sollte für Darstellung, Eingabe und Steuerung kulturelle und sprachliche Konventionen verwenden, die den Benutzern vertraut sind.	√ Aufbau und Darstellung erfolgt nach bekannten Styleguides.

Empfehlungen entnommen aus DIN EN ISO 9241-110:2020	Evaluation für den Use Case „Login"
Das Verhalten und die Darstellung des interaktiven Systems sollten innerhalb des interaktiven Systems konsistent sein sowie über andere interaktive Systeme hinweg, mit denen der Benutzer voraussichtlich interagieren wird.	X Innerhalb des Systems ist die Darstellung und das Verhalten nur zum Teil erwartungskonform. Die beiden Textfelder Verhalten sich bei Auswahl oder Maus-Over identisch und damit wie erwartet, die Fehlermeldungen unterscheiden sich aber in ihrer Darstellung und Aussagekraft. Das Verhalten in anderen Authentifizierungs-Dialogen ist ebenfalls vergleichbar, die Darstellung unterscheidet sich aber deutlich (vgl. Abbildung 15: Authentifizierungsdialog zu "Anwendungen" und Abbildung 16:).
Das Verhalten und die Darstellung des interaktiven Systems sollten sich für Elemente mit unterschiedlichem Zweck sowohl innerhalb des interaktiven Systems als auch über andere interaktive Systeme hinweg offensichtlich unterscheiden.	√ Die Anzeige der eingegebenen (öffentlichen) Benutzerkennung erfolgt in Textform, das eingegebene (geheime) Passwort wird dagegen maskiert dargestellt.
Das interaktive System sollte in der Lage sein, auf die unterschiedlichen Erfordernisse einzelner Benutzer zu reagieren.	o Keine Relevanz im Use Case, da keine relevanten Erfordernisse identifiziert wurden.
Das interaktive System sollte angemessen auf Änderungen ar angeschlossenen Ressourcen reagieren.	o Keine Relevanz im Use Case, da keine relevanten anzuschließenden Ressourcen identifiziert wurden.
Das interaktive System sollte Informationen auf unterschiedlichen Gerätearten und Anzeigegrößen angemessen darstellen	X Der Dialog ist für einen mobilen Zugriff nicht optimiert (vgl. Abbildung 17).
Das interaktive System sollte sich an Änderungen hinsichtlich der physischen Umgebung des Benutzers anpassen.	o Keine Relevanz, da Änderungen der physischen Umgebung als nicht relevant für den Use Case erachtet werden.

Tabelle 4: Evaluation der Erwartungskonformität

Evaluation der Erlernbarkeit

Empfehlungen entnommen aus DIN EN ISO 9241-110:2020		Evaluation für den Use Case „Login"
Das interaktive System sollte den Benutzer dabei unterstützen, die systemseitigen Einsatzmöglichkeiten zu entdecken und so zu nutzen, dass die vom Benutzer angestrebten Ergebnisse erreicht werden.	o	Keine Relevanz im Use Case, da Anwender ohne Authentifizierung seine primären Ziele nicht verfolgen kann.
Das interaktive System sollte Benutzer befähigen, Informationen zu finden, die über ihre aktuelle Aufgabe hinausgehen.	√	Die Verifikation von Bescheinigungen wird auch ohne Authentifizierung ermöglicht.
Das interaktive System sollte es dem Benutzer erlauben, das System ohne negative Konsequenzen zu explorieren („auszuprobieren").	√	Die Benutzerkennung und das Passwort können beliebig oft eingeben, verändert, gelöscht oder bestätigt werden. Aus Usability-Sicht ist dieser Punkt positiv zu bewerten, allerdings wirkt sich diese Funktionalität negativ auf das Erreichen der Sicherheitsziele aus (u.a. reduzierter Schutz gegen Brute-Force Angriffe).
Das interaktive System sollte dem Benutzer geeignete Alternativen für die Suche nach und das Navigieren zu Informationen und Funktionen bieten.	o	Keine Relevanz im Use Case, da keine Suche oder besondere Navigation erforderlich ist.
Das interaktive System sollte Rückmeldungen liefern, die dem Benutzer helfen, die Folgen seiner Aktionen zu erlernen.	o	Keine Relevanz im Use Case, da die Ausführung keiner besonderen Fähigkeiten oder Kenntnisse bedürfen.
Das interaktive System sollte die Entwicklung von Fertigkeiten des Benutzers in Zusammenhang mit den unterstützten Aufgaben fördern.	o	Keine Relevanz im Use Case, da die Ausführung keiner besonderen Fähigkeiten oder Kenntnisse bedürfen.

Evaluation der Steuerbarkeit

Empfehlungen entnommen aus DIN EN ISO 9241-110:2020	Evaluation für den Use Case „Login"
Das interaktive System sollte es dem Benutzer erlauben, die Erledigung einer Aufgabe zu jedem beliebigen Zeitpunkt zu unterbrechen.	√ Der Benutzer ist an keinen Zeitpunkt zur Erledigung gebunden.
Das interaktive System sollte es dem Benutzer erlauben, die Ausführung einer unterbrochenen Aufgabe zu einem späteren Zeitpunkt dort fortzusetzen, wo die Unterbrechung erfolgte.	√ Der Benutzer ist an keinen Zeitpunkt zur Erledigung gebunden.
Ein interaktives System, das eine Aufgabe selbstständig ausführt, sollte es dem Benutzer erlauben, die laufende Aufgabe zu unterbrechen und die Steuerung zu übernehmen, um die Aufgabe von Hand auszuführen.	o Keine Relevanz, da die Authentifikation vom System durchgeführt werden soll und muss.
Das interaktive System sollte es dem Benutzer erlauben, die Schritte der Aufgabe in der vom Benutzer bevorzugten Reihenfolge durchzuführen.	√ Der Nutzer kann die zwei erforderlichen Pflichtfelder in der von ihm gewünschten Reihenfolge ausfüllen.
Das interaktive System sollte dem Benutzer die Flexibilität ermöglichen, zur Ausführung der Aufgabe unterschiedliche Mittel der Interaktion zu wählen.	o Keine Relevanz für den Use-Case, da dieser ausschließlich die passwortgestützte Authentifizierung aufgreift. Die Eingabe von Passwort und Nutzername werden als allgemein üblich und unter Berücksichtigung von Kosten, Nutzen und Usability als ausreichend eingeschätzt.
Das interaktive System sollte es dem Benutzer erlauben, die Geschwindigkeit der Interaktion zu steuern.	o Keine Relevanz, da der Benutzer in seinen Ausführungen zeitlich nicht gebunden ist und die Bearbeitungszeit des Systems sehr kurz und daher zu vernachlässigen ist.
Das interaktive System sollte es dem Benutzer erlauben, zumindest die letzte Aktion rückgängig zu machen.	√ Der Benutzer kann innerhalb der Textfelder seine Zeichen beliebig verändern. Er kann bei fehlerhaften Eingaben die Authentifizierung beliebig oft erneut durchführen.
Das interaktive System sollte es dem Benutzer erlauben, Standardwerte und/oder Auswahlmöglichkeiten dauerhaft zu ändern.	o Keine Relevanz für den Use-Case, da eine Individualisierung erst nach einer Authentifizierung möglich ist.
Das interaktive System sollte es den Benutzern erlauben, die Benutzungsschnittstelle an die individuellen Erfordernisse und Vorlieben anzupassen.	o Keine Relevanz für den Use-Case, da eine Individualisierung erst nach einer Authentifizierung möglich ist.

Empfehlungen entnommen aus DIN EN ISO 9241-110:2020	Evaluation für den Use Case „Login"
Das interaktive System sollte es dem Benutzer erlauben, im Anschluss an beliebige Änderungen zu den vorherigen oder Originaleinstellungen zurückzukehren.	○ Keine Relevanz für den Use-Case, da eine Individualisierung erst nach einer Authentifizierung möglich ist.

Tabelle 5: Evaluation der Steuerbarkeit

Evaluation der Robustheit gegen Benutzerfehler

Empfehlungen entnommen aus DIN EN ISO 9241-110:2020	Evaluation für den Use Case „Login"
Das interaktive System sollte vom Benutzer nicht die Eingabe bereits bekannter Informationen verlangen.	√ Auch wenn die Authentifizierung nicht erfolgreich war, bleiben die Eingabefelder der mit den vom Benutzer eingegebenen Daten verfügbar (vgl. Abbildung 11: Fehlermeldung bei fehlgeschlagener Authentifizierung (TH Köln 2021a). Da vor erfolgreicher Authentifizierung weitere im System vorhandene Informationen dem Benutzer nicht zugeordnet werden können, hat die Empfehlung über den vorangegangenen Punkt hinaus nur eine geringe Relevanz für den Use Case.
Das interaktive System sollte es dem Benutzer erlauben, überall dort, wo geeignete Daten im System verfügbar sind, Daten auszuwählen (durch Wiedererkennung) anstatt Daten von Hand eingeben zu müssen (durch Erinnerung), um das Risiko von Eingabefehlern zu minimieren.	○ Keine Relevanz für den Use Case, da vor erfolgreicher Authentifizierung weitere im System vorhandene Informationen dem Benutzer nicht zugeordnet werden können.
Das interaktive System sollte nur aktuell gültige Auswahlmöglichkeiten zulassen.	○ Keine Relevanz für den Use-Case, da geprüft werden soll, ob dem Benutzer die gültige „Auswahlmöglichkeit" bekannt ist.
Das interaktive System sollte sicherstellen, dass den Benutzer ihre geleistete Arbeit nicht infolge von Benutzungs- oder Systemfehlern verloren geht.	○ Keine Relevanz für den Use-Case, da das Ausfüllen von zwei Eingabefeldern in diesem Szenario zu vernachlässigen ist.
Das interaktive System sollte vor der Weiterverarbeitung von Eingaben und Einstellungen mögliche Eingabefehler identifizieren.	○ Keine Relevanz für den Use-Case, da geprüft werden soll, ob dem Benutzer die gültige „Auswahlmöglichkeit" bekannt ist.
Falls sich aus einer Benutzerhandlung schwerwiegende Auswirkungen ergeben können, sollte das interaktive System eine Bestätigung anfordern, bevor es die Handlung ausführt.	○ Keine Relevanz für den Use-Case, da u.a. auch bei Mehrfach-Eingabe eines falschen Passworts keine Sperrung der Benutzerkennung erfolgt.
Das interaktive System sollte es dem Benutzer erlauben, die Korrektur eines Eingabefehlers zu verschieben oder den Eingabefehler unkorrigiert zu lassen.	○ Keine Relevanz für den Use-Case, da die Sicherheitsziele ohne korrekte Eingaben nicht erfüllt werden können. Der Benutzer wird nur nach fehlerfreier Eingabe von Benutzername und Passwort autorisiert.

Empfehlungen entnommen aus DIN EN ISO 9241-110:2020	Evaluation für den Use Case „Login"
Wenn das interaktive System Fehler automatisch korrigieren kann, sollte es den Benutzer über die Ausführung der Korrekturen informieren und ihm Gelegenheit geben, die Korrekturen zu überschreiben.	o Keine Relevanz für den Use-Case, da geprüft werden soll, ob dem Benutzer die gültige „Auswahlmöglichkeit" bekannt ist.
Das interaktive System sollte den Benutzer dabei unterstützen, Eingabefehler zu entdecken, nachzuvollziehen und zu korrigieren.	X Die Umsetzung kann verbessert werden. Ein häufig auftretender Fehler ist eine aktivierte Feststelltaste. Der Nutzer sollte darauf hingewiesen werden, dass diese aktiviert ist. Darüber hinaus wird empfohlen, den Benutzer auf Wunsch auch das Passwort in Klarschrift zur Überprüfung anzuzeigen (vgl. Nielsen Norman Group 2021b). Eine mögliche gestalterische Umsetzung zeigt die Abbildung 12 auf.
Das interaktive System sollte präzise, verständliche und höflich formulierte Fehlermeldungen ausgeben.	X Im Rahmen des Use Cases werden zwei verschiedene Fehlermeldungen ausgegeben (vgl. Abbildung 10 und Abbildung 11).
Das interaktive System sollte konstruktive Erläuterungen zu Fehlern liefern, die deren Korrektur erleichtern.	Während bei der Fehlermeldung bei einem nicht gefüllten Eingabefeld ein eindeutiger Hinweis auf die Fehlerursache erfolgt, fehlt die Angabe der Ursache
Das interaktive System sollte die zur Fehlerkorrektur erforderlichen Schritte und den benötigten Aufwand minimieren.	im Fehlerhinweis bei einer fehlgeschlagenen Authentifizierung. Für den Benutzer ist nicht ersichtlich, ob es sich um einen Systemfehler oder um (s)eine falsche Eingabe handelt.

Tabelle 6: Evaluation der Robustheit gegen Benutzerfehler

Evaluation der Benutzerbindung

Empfehlungen entnommen aus DIN EN ISO 9241-110:2020		Evaluation für den Use Case „Login"
Das interaktive System sollte dem Benutzer Bestätigungen über erfolgreich erledigte Aufgaben liefern und darüber informieren, dass keine offenen Punkte mehr vorliegen, um die sich der Benutzer kümmern muss.	√	Bei erfolgreicher Authentifizierung erhält der Benutzer Zugang zu den Services, die sein eigentliches Ziel darstellen. In der Statusleiste wird der Vor- und Nachname des Benutzers angezeigt (vgl. Abbildung 18).
Das interaktive System sollte affektive Merkmale zur Förderung entsprechender emotionaler Reaktionen mit Bedacht einsetzen.	o	Keine Relevanz für den Use-Case, da die Authentifizierung i.d.R. kein primäres Ziel des Benutzers ist und nicht mit besonderen emotionalen Reaktionen sinnvoll verknüpft werden kann.
Das interaktive System sollte Informationen und Funktionen auf eine Weise darstellen, die vom Benutzer als respektvoll empfunden wird.	√	Darstellung und Formulierungen erfolgen sachlich.
Das interaktive System sollte so ausgelegt sein, dass es Benutzererfordernisse antizipiert, deren sich der Benutzer möglicherweise gar nicht bewusst ist.	o	Keine Relevanz, da im Rahmen dieser Evaluation ein festgelegter Use Case analysiert wird.
Das interaktive System sollte für seine Benutzer einen positiven ersten Eindruck erzeugen.	X	Potentiale zur Verbesserung der Dialoggestaltung wurden im Rahmen der dieser Hausarbeit aufgezeigt.
Das interaktive System sollte für die Benutzer attraktiv sein, ohne Abstriche in Bezug auf Effektivität und Effizienz.	√	Die Gestaltung beschränkt sich mit seinem minimalistischen Design auf die wesentlichen Anforderungen. Effektivität und Effizienz stehen bei dem Benutzer im Vordergrund, da es sich bei der Authentifizierung nicht um sein primäres Ziel handelt.
Das interaktive System sollte keine unverhältnismäßigen Anforderungen an den Benutzer stellen.	√	Eingabe von Benutzerkennungen und Passwort sind ein übliches und dem Nutzerkreis bekanntes Verfahren zur Authentifizierung.
Das interaktive System sollte Vertrauen hinsichtlich seiner Verwendung schaffen.	√	Das Logo der TH Köln, Hinweise zum Datenschutz und Impressum schaffen Vertrauen. Darüber hinaus wird ein sicheres Hypertext-Übertragungsprotokoll (https) genutzt.
Das interaktive System sollte dem Benutzer einen realistischen Grad an Vertrauen vermitteln, dass seine Benutzung kein Risiko darstellt.	o	Keine Relevanz für den Use-Case, da der Nutzerkreis mit der Authentifizierung gegenüber einer Hochschule keine besonderen Risiken verbindet. Für einige weiterführende Funktionen ist darüber hinaus eine Authentifizierung über einen weiteren Faktor (Besitz einer TAN-Liste) notwendig.

Empfehlungen entnommen aus DIN EN ISO 9241-110:2020	Evaluation für den Use Case „Login"	
Das interaktive System sollte den Benutzern Funktionen bereitstellen, um einander zu helfen.	o	Keine Relevanz für den Use-Case, da es sich bei dem Passwort um eine geheime Information handelt und Kollaboration entsprechend nicht sinnvoll ist.
Das interaktive System sollte dem Benutzer die Gelegenheit bieten, Vorschläge zu Änderungen und Systemerweiterungen einzureichen, die seine Verwendung verbessern würden.	√	Der Benutzer findet im Impressum Kontaktdaten, um bei Bedarf mit den Verantwortlichen Betreibern Kontakt aufnehmen zu können.
Das interaktive System sollte Rückmeldungen zu Entwicklungsentscheidungen auf der Grundlage von Benutzervorschlägen liefern.	o	Keine Relevanz für den Use-Case, da Nutzer in diesem Szenario keine Rückmeldung seitens Entwicklungsentscheidungen erwarten.

Tabelle 7: Evaluation der Benutzerbindung